BIBLIOTECA

Paulo Coelho

BIBLIOTECA Paulo Coelho

Cartas de amor del profeta

Khalil Gibran

Adaptación de Paulo Coelho

PLANETA DeAGOSTINI

Colección: Biblioteca Paulo Coelho
Director editorial: Virgilio Ortega
Coordinación: Pilar Mora
Realización: Macarena de Eguilior
Diseño cubierta: Hans Romberg
Realización gráfica: Noemí Reyes

Título original: *Cartas de amor do Profeta*
Traducción: Roser López

ISBN: 84-395-9217-5
Depósito legal: B. 7.705-2001

Imprime: Cayfosa-Quebecor, S.A.
Santa Perpètua de Mogoda (Barcelona)
Printed in Spain - Impreso en España - junio 2002

Prefacio

Prefacio

La primera vez que leí *El Profeta* fue en los años sesenta; usé un fragmento del libro para intentar explicar a mis padres quién era yo. En aquella época pensaba que Gibran era un revolucionario.

Veinte años más tarde releí el libro; quería recordar la sencillez y el vigor con que había sido escrito. En aquella época pensaba que Gibran era un sabio.

En los noventa leí *El Profeta* por tercera vez. Yo ya tenía algunas obras publicadas y había llegado a la conclusión de que el espíritu revolucionario y las palabras sabias no siempre revelan el complejo mundo del alma de un escritor. Entonces me pregunté: ¿Quién era Gibran?

La simple lectura de *El Profeta* no bastó, pero yo estaba decidido a responder esa pregunta. Releí algunas de sus obras, leí dos biografías, hasta que una amiga libanesa —Soula Saad— me hizo descubrir las cartas, hoy editadas en diversos formatos.

El ser humano revela su alma cuando ama; en la correspondencia con Mary Haskell encontré el mundo interior de Gibran Kahlil Gibran. Comencé a marcar algunas frases y a registrar en un archivo del ordenador lo que a mi entender era la esencia de su pensamiento.

Un día, durante una conversación con mi mujer (una discusión, en realidad; y doy gracias a Dios porque todavía discutimos mucho, aunque llevamos casados dieciocho años), no conseguía explicar determinado asunto; entonces pedí que se acercara al ordenador y leyese una carta de Gibran que tal vez expresaba mejor lo que yo estaba intentando decir.

No solamente leyó aquella carta, sino todo el archivo. En ese momento nació el deseo de editar un libro sobre la relación de Gibran con Haskell.

Algunos datos históricos: Gibran nació en 1883, en la aldea de Bsherri, en el actual Líbano. Cuando contaba unos once años, emigró junto con la madre y algunos hermanos —entre ellos Mary Gibran— a Estados Unidos.

Dedicó la mayor parte de la vida adulta a la pintura, pero por una de esas ironías del destino acabó siendo mundialmente reconocido por sus libros. Compartió la última etapa de su vida con Barbara Young, quien más tarde editó la biografía de su compañero.

Mary Haskell era mayor que Gibran; nació en 1873, en Estados Unidos. En torno a los treinta años se trasladó a Boston, donde se hizo cargo de la escuela que había fundado su hermana. Murió el 9 de octubre de 1964, atestiguando el éxito mundial de aquel a quien un día llamó «mi amado».

La correspondencia estuvo a punto de ser destruida días después de la muerte de Gibran; Barbara Young no quería que Mary se llevase a casa los centenares de cartas, escritas durante una relación de más de veinte años y guardadas en una gran caja de cartón en el estudio del escritor.

Mary insistió. Barbara terminó aceptando, pero antes hizo jurar a Mary Haskell que quemaría toda aquella correspondencia después de leerla.

Mary no cumplió su promesa; más de seiscientas

cartas están hoy en la Universidad de Carolina del Sur, donde especialistas y estudiosos pueden consultarlas.

Una pequeña parte de esa correspondencia está ahora en sus manos. Con intención de condensar las ideas, adapté libremente el texto procurando ser más fiel al pensamiento de Gibran que a sus palabras literales.

«¿Quién es Gibran?», me preguntaba a mí mismo. Creo que terminé descubriéndolo al copiar en mi ordenador fragmentos de sus cartas.

Gibran no era un revolucionario ni un sabio. Era un ser humano, como todos nosotros; llevaba en su alma los mismos dolores e idénticas alegrías que los demás; sólo que a través de sus libros fue capaz de manifestar la grandeza de Dios.

Pienso que, en el fondo, sabía que algún día toda su correspondencia privada acabaría siendo publicada y por ello quiso mostrarse por completo, sin mistificar su papel de escritor.

Con ello nos dio un buen ejemplo: todos nosotros podemos aspirar a lo que él consiguió, porque seguimos —a nuestra manera— el difícil y hermoso Camino de las Personas Corrientes.

Dedicatoria

[illegible]

[illegible]

Me [illegible] algunas [illegible]

[illegible]

[illegible]

[illegible]

Dedicatoria

Tu presencia me impresionó desde la primera vez que te vi; fue en una exposición de mis dibujos, en la galería del señor Day. Llevabas una gargantilla de plata y te aproximaste a mí. «¿Podría exponer alguno de sus cuadros en la escuela donde doy clases?», me preguntaste.

Acepté y, a medida que conversábamos, fue aumentando mi bienestar. La primera vez que te visité percibí en la atmósfera de tu casa, en los libros y la decoración, una profunda identificación conmigo. Me gustó la conversación que mantuvimos, la sutil habilidad con que me obligaste a hablar de mí mismo.

Me hiciste muchas preguntas y en algunos momentos incluso me sentí molesto; pero, gracias a tu sensibilidad y perspicacia, terminaste sonsacándome cuanto querías saber.

Los demás me encuentran interesante. Les gusta oírme hablar porque soy diferente. Sin embargo me ven como una diversión que olvidarán pronto, en cuanto aparezca otra curiosidad. Tú, en cambio, hiciste aflorar lo más profundo de mí, sentimientos que raramente comparto con nadie. Eso fue y continúa siendo magnífico.

Nos hicimos amigos. Un día me preguntaste si necesitaba dinero para ir a París. Hasta aquella fecha, siempre había rehusado tal tipo de ayuda; pero tú me dijiste una cosa sobre el dinero que nunca olvidaré: es impersonal, no pertenece a nadie, sólo pasa por nuestras manos; no es una posesión, aunque sí una responsabilidad, puesto que debemos darle un destino justo.

Dedicatoria

Fui a París, siempre llevando conmigo tu imagen, tu fe y tu ternura. Allí me di cuenta de que, en vez de limitarme a contemplar la ciudad, estaba observándome a mí mismo y viendo hasta qué punto nuestra relación comenzaba a influir en mi vida cotidiana. Incluso estando lejos, tu presencia me acompañaba por calles, plazas y cafés. Cuando regresé, volví a encontrar la misma dulce criatura que conociera.

Entonces te pedí que te casaras conmigo. A partir de ese día, comenzaste a herirme.

Y continuaste hiriéndome. Yo sufría pero, cada vez que nos encontrábamos (en aquella época, la gente se veía dos veces por semana), decías: «Kahlil, creo que el pasado miércoles —o jueves, o viernes, o el día que hubiese sido— te hice daño.» Y añadías: «Perdón, fue sin querer.»

Entonces te transformabas en la criatura más dulce del mundo y yo me decía: «Ésta es la Mary que amo.» Sin embargo, incluso antes de que el encuentro acabara, pronunciabas otra frase despiadada.

Nada de cuanto yo pudiese decir o hacer era capaz de impedirlo; la agresión llegaba y yo me sentía morir.

Volvía a mi casa y reflexionaba: «Si acepto el sol, la luz y el arco iris, también debo aceptar el trueno, la tempestad y el rayo.» Lo intentaba, pero me daba cuenta de que algunas cosas importantes estaban muriendo en mi interior.

Entonces, una noche en que volvíamos de Gonfarone, me confesaste que el hecho de haberme dado dinero para el viaje había creado una gran distancia entre nosotros.

Cuando llegué a casa, decidí conseguir aquel dinero y devolvértelo. Pedí prestado y fui a tu domicilio, pero habías salido de viaje a Boston. De regreso a mi habitación, una linda carta tuya me esperaba; de nuevo olvidé las palabras agresivas.

Otro problema nos aguardaba. Mientras estaba conversando contigo en tu apartamento, llegó tu hermano.

Advertí que mi presencia no le gustaba y comencé a sentirme incómodo; dos días después tú aún seguías triste por aquel incidente. Presentí que tu hermano me consideraba un extranjero sin escrúpulos, interesado en obtener ventajas materiales y sociales de ese tipo de relación.

Aquello casi me aniquiló, pero de nuevo volvimos a encontrarnos y tu encanto me devolvió la creencia de que el desagradable episodio con tu hermano sólo había sido una pesadilla. No obstante, algo cambió en mi corazón; mi alma no podía resistir siempre tus constantes ofensas. Necesitaba protegerme y me dije que cualquier relación más íntima contigo era imposible.

Claro que la estrategia no funcionó, ni siquiera cuando te conté lo que me ocurría. Sin embargo, a partir de aquel momento nunca más me hiciste daño.

Con todo esto sólo quiero transmitirte cómo viví los primeros años de nuestra relación. Las cosas más profundas no han cambiado: el sentimiento de identificación, el reconocimiento y la pasión del primer encuentro; todo eso permanece y seguirá igual para siempre. Te amaré toda la eternidad, como ya te amaba mucho antes de verte por primera vez; a esto lo llamo Destino.

Nada nos separará; ni tú ni yo podemos cambiar esta relación. Quiero que recuerdes, hasta el fin de tus días, que eres la persona más importante de mi mundo. Aunque te casaras siete veces con siete hombres distintos, todo permanecería igual en mi corazón.

Hoy también yo entiendo que nuestro matrimonio era imposible. Nos habría destruido a los dos. Nuestra vida en común siguió otro camino, por eso nos salvamos. Tú me ayudaste a descubrir mi propio ser y mi trabajo. Pienso que yo hice lo mismo por ti y agradezco al Cielo nuestra relación.

Kahlil Gibran

Bienaventurados los que tenéis hambre,

porque seréis saciados.

Bienaventurados los que lloráis ahora,

porque reiréis.

LUCAS, 6: 21-22

Correspondencia entre

Kahlil Gibran

y

Mary Haskell

1908-1924

[illegible] la [illegible]

[illegible]

Pero [illegible] muy [illegible]

[illegible] de la [illegible] de [illegible] en un [illegible] y como [illegible] uno de ellos está aquí para [illegible] como la luz del [illegible] estar. ¿Acaso han vuelto a [illegible] luz [illegible]

¿[illegible]?

[illegible] más [illegible]

[illegible] en [illegible] No [illegible] y cuando me siento sólo [illegible] presencia [illegible] Hay [illegible] que no [illegible] se [illegible]

23 DE JUNIO DE 1909

Acabo de perder a mi padre, amada Mary; ha muerto en la casa donde nació hace sesenta y cinco años. Sus amigos me han escrito para comunicarme que antes de cerrar los ojos para siempre, me bendijo.

Estoy seguro de que mi padre descansa en el Señor; aun así, no consigo evitar la tristeza y el dolor de su ausencia. Siento la mano de la Muerte sobre mi cabeza y pienso en mi madre, en mi hermana pequeña y en mi hermano; ya ninguno de ellos está aquí para sonreír como la luz del sol. ¿Dónde están? ¿Acaso han vuelto a encontrarse en ese lugar desconocido adonde fueron? ¿Son capaces, como nosotros, de recordar el pasado?

Preguntas absurdas: sé muy bien que están vivos en algún lugar del cielo, más cerca de Dios que nosotros. Los siete velos que separan al hombre de la Sabiduría ya no cubren sus ojos; mis seres queridos han dejado de jugar al escondite con la Verdad y la Luz. Sin embargo, todavía sufro y los añoro.

Tú eres mi único consuelo, aunque estés en el otro extremo del mundo, en Hawai. Tus días son noches aquí, en París. No obstante, cuando camino, estás cerca; cuando trabajo, conversas conmigo; y cuando me siento solo a comer, percibo tu presencia junto a mí. Hay momentos en que sé que no hay distancias entre los que se aman.

31 DE OCTUBRE DE 1911

Mary, mi amada Mary, he trabajado todo el día, pero no podía acostarme sin antes darte las buenas noches. Tu última carta es puro fuego, un corcel alado que me conduce a una isla donde sólo oigo músicas extrañas que espero comprender algún día.

Las jornadas se han llenado de estas imágenes, voces y sombras; también en mi corazón y en mis manos hay fuego. Necesito transformar toda esta energía en algo positivo para mí, para ti y para nuestros seres queridos.

¿Acaso sabes lo que es quemarse, arder en un inmenso brasero, con la seguridad de que ese incendio está transformando en cenizas todo cuanto existe de ruin y dejando en el alma sólo la esencia verdadera?

¡Oh, no existe cosa más bendita que este Fuego!

10 DE NOVIEMBRE DE 1911

Hay una vieja canción árabe que comienza así: *«Sólo Dios y yo mismo podemos saber qué pasa en mi corazón.»* Hoy, después de leer todo lo que me has escrito, osaría afirmar: *«Sólo Dios, yo y Mary podemos saber lo que pasa en mi corazón.»*

Me gustaría abrir mi pecho, sacarme el corazón y sostenerlo en las manos a la vista de todos: un hombre no tiene deseo mayor que revelarse a sí mismo y ser comprendido por el prójimo; todos queremos que la luz que colocamos tras la puerta esté en el centro de la sala, frente a todos.

El primer poeta de este mundo debió de sufrir mucho, cuando dejó a un lado el arco y las flechas e intentó explicar qué sentimientos le inspiraba una puesta de sol. Es muy posible que los demás se burlaran de sus palabras; pero, de todos modos, lo hizo; porque el verdadero Arte exige que el artista intente mostrarse. Nadie puede vivir a solas con la belleza que es capaz de percibir.

Respecto a nosotros dos, que buscamos el Absoluto y construimos un jardín mediante nuestra propia soledad, la Vida nos legó una pasión inmensa para aprovechar cada momento con plena intensidad.

26 DE NOVIEMBRE DE 1911

Mi amada Mary, será un auténtico día de Acción de Gracias, porque vas a venir a mi casa. Pensé invitarte, pero tuve miedo de que me rechazaras; por eso le pedí a Charlotte que lo hiciera en mi lugar. Ella dice que aceptaste.

Mientras tanto, todo lo que he hecho durante estos días es poner mi hogar en orden. Estoy arreglando los muebles, pero también estoy eliminando los trastos viejos de la mente y el corazón, librándome de antiguas sombras que sobraban.

Tal vez estos días de alejamiento que hemos debido aceptar hayan sido beneficiosos; las cosas muy grandes sólo pueden contemplarse a distancia.

7 DE FEBRERO DE 1912

Hoy tengo el corazón sereno, la calma y la alegría sustituyen mis angustias de siempre; esta noche he visto a Jesús en un sueño.

El mismo rostro generoso, los grandes ojos negros que parecían quemar a quien lo miraba de frente, los pies sucios de polvo, las sandalias desgastadas. Y la presencia poderosa de su espíritu que lo dominaba todo con la paz de quienes contemplan la Vida cara a cara.

Oh, querida Mary, ¿por qué no puedo soñar con Jesús todas las noches? ¿Por qué no logro examinar mi propia vida con la mitad de la calma que Él me transmitía durante el sueño? ¿Por qué no consigo encontrar en esta Tierra a nadie tan sencillo y afectuoso como Él?

10 de marzo de 1912

Mary, mi adorada Mary, por Dios, ¿cómo puedes creer que estás dándome más sufrimientos que alegrías? ¿Qué te hace pensar eso?

Nadie sabe con exactitud cuál es la frontera entre el placer y el dolor; a menudo pienso que es imposible separarlos.

Mary, me das tanta alegría que llega a doler; y me causas tanto dolor que llego a sonreír.

25 DE DICIEMBRE DE 1912

No puedo organizar mis horas de sueño, ni las de trabajo, ni las de ejercicio, Mary. Siempre oímos que todos son capaces de despertarse, tomar el té o acostarse, día a día, con un horario fijo; y se enorgullecen de tal disciplina.

A mi entender, esa gente siempre está viviendo el Mismo Día.

Yo necesito dejar que ocurran las cosas que deben ocurrir, pues es preciso mantenerse abierto a lo inesperado. Soy diferente cada día que pasa; y espero que a los ochenta años seguiré experimentando cambios externos e internos. Si llegara a esa edad, no quisiera quedarme pensando en lo que ya realicé: deseo aprovechar cada minuto de vida que me resta.

No puedo sistematizar nada importante, sólo asuntos menores. Quien planea lo que es importante acaba convirtiendo todas las cosas en pequeñeces.

30 DE OCTUBRE DE 1913

Por qué intentas explicarme todo lo que me dices? Mi corazón es capaz de entenderte más allá de las palabras de amor. ¿Acaso no confías en mi comprensión?

Por favor, no pienses que quien ama es tan vulnerable. Un cuchillo de acero puede herir mi carne, pero no uno de cera. Las palabras y los gestos duros sólo harán que sea más precavido en los sentimientos que me inspiras.

Cuanto hay de superficial en nuestras peleas terminará desapareciendo por sí mismo. Por lo tanto, hazte a la idea: Kahlil no está hecho de mantequilla.

Sólo una mitad mía está aquí, en Boston; quisiera tomar un tren que me llevara a Nueva York y verte con mis propios ojos. No necesitas hablar, ni tan siquiera sonreír; me basta con estar junto a ti para sentirme un hombre completo.

5 DE ABRIL DE 1914

He permanecido mucho tiempo en silencio, mi adorada Mary. Trabajo, duermo mucho y siento que tanto el trabajo como el sueño me quitan las ganas de conversar.

Con el paso de los años, Mary, aparece con más fuerza el ermitaño que hay en mí. La vida es la visión del infinito, de todas las posibilidades y realizaciones que el amor reporta. Frente a esta simple verdad las personas parecen tan insignificantes que me alejo de ellas.

La vida es generosa, el ser humano es mezquino. Parece que hay un abismo entre ambos y que para atravesarlo es preciso tener el coraje de tocar la propia alma y darle otro rumbo. Pero ¿vale la pena?

Aquí en Nueva York sólo he hallado gente «normal», educada y amable. Personas que fluctúan entre el cielo y el infierno, entre el Todo y la Nada; aunque ni siquiera parecen darse cuenta y viven resignadas, sonriendo cuando se encuentran con alguien.

26 DE ABRIL DE 1914

Siempre me ha avergonzado aceptar tu dinero. Siempre me he preguntado si era correcto dejar que me lo dieras. Muchas veces he querido marcharme y dejarte para siempre, pero entonces pensaba: «¡Me ha dado tanto! Considerará que soy un desagradecido.» El hecho de tener que depender de tu caridad era, para mí, una maldición y una tortura.

Tú me dabas con alegría y yo aceptaba con tristeza. Pero hoy prometo no actuar así nunca más. Si me das algo me parecerá tan bien como si no me das nada o como si sólo me haces un préstamo y esperas que te lo devuelva.

Temo aceptar presentes. Los regalos nos hacen sentir culpables y nos hacen sufrir al pensar que habremos de entregar algo a cambio. Ahora comprendo que aquel dinero significaba que habías depositado una gran confianza en mi trabajo, no en mí como hombre.

Sin embargo, más que dinero, me diste literalmente el don de la vida. No podría haber vivido sin esta pasión, sin este amor; cuánta gente muere a diario porque no encuentra a nadie que la ame.

3 DE MAYO DE 1914

La bendición del domingo que pasamos juntos aún permanece en mi alma. He revivido miles de veces las horas que estuvimos tan cercanos, he repetido hasta la saciedad las palabras que me dijiste; cada vez que lo hacía, parecía entenderlas mejor.

Cuando oigo tu voz, la dulzura y la realidad de la vida reaparecen. Cada vez que abro la boca para responderte, me siento extrañamente lúcido y confiado.

Tú consigues que yo ofrezca la parte más brillante y luminosa de mí mismo.

24 DE MAYO DE 1914

Imagina, Mary, que estamos caminado por un hermoso campo en un bonito y cálido día; y de repente nos sorprende una tempestad en pleno paseo.

¡Qué maravilla! ¿Hay mayor emoción que ver los elementos generando fuerza y energía mediante su movimiento en el cielo? Dejemos atrás las cuatro paredes de nuestras habitaciones, Mary. Vamos a vagar por lugares solitarios para charlar un poco. Ya te he dicho muchas veces, y siempre lo mantendré, que sólo consigo entenderme cuando hablo contigo.

20 DE JUNIO DE 1914

Quiero enseñarte lo más importante que he pintado en mi vida, Mary: un retrato de mi madre hecho de memoria.

Es un retrato de su alma, sin trucos estéticos o técnicos. Plasma exactamente lo que yo quería que plasmase. Su alma está allí, con toda su sencilla majestad.

Sólo consigo ver a mi madre cuando cierro los ojos. En realidad la pintura es una extensión de la vista, como la música lo es del oído. Cuando creo algo, deseo que alguien piense que existen otros mundos, silenciosos y remotos, solitarios y distantes; mundos donde la vida se muestra con toda su intensidad.

20 DE JUNIO DE 1914

Creo que te equivocas al rechazar un contacto más íntimo, Mary. A un hombre, en su pasión, lo guían tres cosas: la lógica, el corazón y el sexo. Cada una lo dirige durante un determinado período; la lógica y el corazón me guiaron durante muchos años, pero ahora aparece el deseo sexual.

Tú me dices: «Querido Kahlil, dejémoslo para mañana.» Y en estos momentos yo me siento pequeño e ingenuo. Tratas asuntos importantes como si fuesen naderías.

Yo te amo. Yo te deseo más que tú a mí. Cada vez que te encuentro, invades todo mi entorno.

Te amo y sé que el contacto físico tiene su hora; después, ese momento desaparece.

No quiero que ninguno de los sentimientos que nos unen terminen esfumándose, porque no sabemos qué puede ocurrir mañana. Nuestra relación ya está consolidada, pero no sé adónde nos pueden llevar las limitaciones impuestas al amor.

De modo que me pongo en tus manos. Un hombre sólo puede darse a alguien cuando el amor es tan grande que el resultado de esa entrega supone la libertad total.

Yo te amo con todo mi ser. Las puntas de mis cabellos, los bordes de mis uñas, todo rebosa amor por ti, Mary.

8 DE JULIO DE 1914

Tienes el don de la comprensión, amada Mary. Eres como el Gran Espíritu, que se acerca al ser humano no sólo para compartir sus días con él, sino para hacerlos más intensos. Cuando te conocí, el milagro de ese don hizo que mis días y mis noches cambiaran por completo.

Siempre había pensado que, cuando alguien nos entiende, termina esclavizándonos, ya que aceptamos lo que sea con tal de ser comprendidos. Sin embargo, tu comprensión me trajo la paz y la libertad más profunda que jamás conocí.

En las dos horas de tu visita descubriste un punto negro en mi corazón; lo sacaste de mi pecho, lo tocaste y desapareció para siempre, rompiendo las cadenas que me aprisionaban.

Que Dios te bendiga.

22 DE JULIO DE 1914

Me dices: «Mucha gente recibirá cosas buenas de ti, porque has sido capaz de sufrir.» Amada Mary, para mí ha sido más que una carta: ha sido un importante mensaje.

Espero que estés aprovechando tus días de soledad en la montaña; es delicioso sentirse libre de cuanto no es auténtico y poder vivir de manera sencilla y directa.

Mientras, yo sigo aquí, confiando que esto sea tan real para ti como lo es para mí.

He estado silencioso, pensativo; hay muchas cosas nuevas en mi alma. Quisiera darles forma, pero mis manos no consiguen ponerse a la altura de mi imaginación.

Me alegra saber, amada Mary, que ambos somos capaces de dejar atrás este mundo y buscar el «verdadero», donde podemos vivir y ser lo que siempre deseamos.

Buenas noches, querida Mary. Que Dios te bendiga.

7 DE AGOSTO DE 1914

Hace una semana que estoy en esta extraña ciudad llamada Boston. No consigo trabajar ni pensar por más que lo intento. Continúo rodeado por ese tipo de gente educada con la cual tengo tan poco en común.

Algo debe de estar ocurriéndome, Mary. Veo a las personas y sé que sus almas son buenas. Sin embargo, cuando estoy con ellas me invade una impaciencia diabólica y un extraño deseo de herirlas. Cuando hablan, mi mente procura zafarse y volar a tierras lejanas; pero me siento como un pájaro que tiene las patas atadas con una larga cuerda.

Entonces me acuerdo de mis compatriotas sirios y me doy cuenta de que me incomodan mucho menos, porque son gentes sencillas y no están obsesionados por parecer interesantes.

Esas personas que se empeñan en parecer interesantes a toda costa son las más aborrecibles de todas.

14 DE OCTUBRE DE 1914

Esta guerra que ahora asola Europa atañe a toda la humanidad; también tú yo estamos luchando allí.

El hombre forma parte de la naturaleza. Todo el año, los elementos se declaran la guerra entre sí. El invierno lucha contra las fuerzas de la primavera en un proceso tan destructor como las guerras humanas. También nosotros sufrimos ese proceso; y muchas veces nos vemos obligados a morir por algo que no comprendemos del todo.

Quienes luchan por la paz eterna son como los jóvenes poetas que no quieren que la primavera tenga fin. El hombre necesita luchar por sus ideales y sueños, porque eso también forma parte de lo que Dios puso en el planeta.

Nadie llora cuando llega el invierno, ni danza cuando la primavera comienza a poblar de flores el campo. Hay quienes prefieren las noches frías a las del estío. Sería justo decirles: «No tenéis corazón. Veis que el frío está destruyendo la naturaleza y no lloráis. La gloria y la belleza del verano agonizan y vosotros permanecéis indiferentes.»

De ahí la eterna lucha, Mary.

Por tanto no existe eso que definen como «lucha a muerte». Todo cuanto acontece en la Tierra es una lucha por la vida.

6 DE DICIEMBRE DE 1914

En tu carta me dices: «Que Dios te bendiga y esté contigo. Cuanto más cansado estés, más próximo a ti estará Él.»

Desde muy temprano me he dedicado a organizar los folletos de mi exposición. He tasado en dos mil quinientos dólares el cuadro *La gran soledad*. Aunque pensé que nadie querría comprar obras de un artista desconocido, la señora Wilson estuvo aquí y afirmó que pagaría lo que pido.

¿No te parece que ese cuadro es una de las muchas cosas con las que debemos ser desprendidos, para que pueda llegar a los lugares más alejados?

Esas telas ya no son parte de mi vida. Mientras estuve trabajando en ellas aprendí mucho. Aprenderé aún más si dejo que sigan su camino.

El 20 de diciembre de 1914 Mary Haskell relata en su diario un almuerzo con Kahlil.

Al final de la comida ella pregunta a Kahlil si la encuentra atractiva con los cinco kilos que ha engordado. Él responde que no se había dado cuenta. De regreso al estudio y mientras mantienen una charla superficial, ella se ajusta intencionadamente la falda, para resaltar el contorno de sus piernas.

—¿Las encuentras delgadas? —pregunta.

—Estoy sorprendido —responde él—. Nunca te había visto las piernas, siempre las imaginaba tomando tu brazo como referencia; es el recurso más común.

—Siempre me ves completamente vestida —comenta ella.

Entonces, para provocarlo, le pregunta si desea que se desnude, así él podrá juzgar mejor.

—Si esta estancia no estuviese tan fría, te rogaría que lo hicieses —responde Kahlil.

Suben la calefacción y ella se desnuda. Kahlil se vuelca en elogios a su cuerpo, pero ella lo nota desconcertado.

—Los hombres tienen miedo de las mujeres como tú. No les gusta sentirse turbados.

Mary vuelve a vestirse.

28 DE DICIEMBRE DE 1914

Qué te preocupa, Mary? Parece que hay algo que aún no has resuelto. Esta situación (el sexo) no está solucionada, nunca lo estará. Estamos aceptando algo dañino porque no cabe más remedio; sólo se solventan las situaciones reales, y nuestra falta de libertad no lo es.

Aquella noche, después de que te vistieras y te marcharas, clamé por ti durante horas. Estamos desperdiciando algo que forma parte de cualquier relación entre personas normales e intensas.

No puedo considerar lo ocurrido como algo meramente accidental; tal vez conseguiría olvidarlo si lo nuestro sólo fuera pasión. Pero el amor, el verdadero Amor, es tímido frente al contacto físico. Durante diez días he estado pensando en lo que sucedió, porque es algo importante y fundamental, como siempre lo es el sexo en la vida de todos.

He llegado a la conclusión de que no debemos seguir conversando sobre este asunto, porque no tenemos la libertad de decir todo lo que sentimos.

La nochevieja de 1915 Kahlil visita a Mary, ambos se sientan en el sofá y ella pide que le desabroche el collar.

Kahlil se tiende y solicita que Mary permanezca junto a él, con la cabeza reclinada en su hombro.

—Estás ardiendo —dice Kahlil.

—Claro —responde Mary—, porque estoy sentada al lado del horno.

Él se ríe y pregunta:

—¿Soy yo tu horno?

Mary cuenta que el embrujo del agua caliente se había roto y usa esa analogía para referirse a la relación entre ambos: si hasta la cañería más fuerte se rompe cuando algunas gotas de agua congelan en su interior, ningún deseo es invencible.

Los dos se abrazan y Kahlil la besa apasionadamente. Así termina la descripción de aquella noche, pero de las cartas posteriores se desprende que no existió ningún contacto sexual; la relación siempre será platónica, aunque torturada por el deseo.

28 DE ENERO DE 1915

He dormido mucho estas tres semanas. He meditado sobre los miles de cosas que debo hacer durante este año; tengo miedo, querida Mary, de no lograr nunca la plena realización de mis sueños. Siempre me paro antes. Siempre alcanzo tan sólo la sombra de aquello que deseo.

Antaño me complacía que elogiaran mi trabajo, pero ahora me entristece, porque cada elogio me recuerda lo que todavía me queda por hacer; y yo quisiera ser recordado precisamente por eso. Sé que debe de sonar infantil, pero da igual.

Ayer noche me decía a mí mismo que la conciencia de una planta en pleno invierno no se dirige hacia el verano que pasó, sino hacia la primavera que ha de llegar. La planta no piensa en los días pasados, sino en los venideros. Si las plantas están seguras de que la primavera vendrá, ¿por qué las personas no nos consideramos capaces de lograr algún día todo cuanto queremos?

9 DE FEBRERO DE 1915

Querida Mary, tal vez no entiendas mi silencio; aunque siento que también tú estás quieta, que mis días silenciosos también son tuyos. Has de saber que sin ti no puedo hacer nada, que preciso tu espíritu a cada momento.

En uno de estos días gélidos encontré a Ryder en una estancia casi sin calefacción, rodeado de suciedad y desorden, aunque supongo que al final está viviendo como siempre ha deseado. Tiene dinero, pero ni lo valora; su mente ya no está en este planeta, vaga más allá de sus propios sueños.

Ryder leyó un poema mío y lloró. Luego dijo: «Es bellísimo. Es excesivo para mí. No soy digno de leerlo.» Tras un momento de silencio, añadió: «Aunque pensé en mandarte una carta, no llegué a hacerlo; antes de escribir es necesario que mi alma cambie de lugar.»

14 DE MARZO DE 1915

La vida no sólo es «una historia contada por un idiota, llena de ruido y furia, carente de significado», como decía Macbeth. La vida es un largo pensamiento. Sin embargo, no me gusta compartir ese pensamiento con los demás, aunque no sé por qué. Ellos van en una dirección y yo en otra; nadie aguanta esa lucha mental mucho tiempo. Mary, una de las muchas cosas que nos acercó fue que ambos recorremos en una misma dirección el Pensamiento de la Vida, sin temer la soledad que acarrea.

Voy a salir para dar un paseo bajo el sol. Me llevaré el cuaderno de notas para escribirte, con eso siempre consigo ordenar las ideas.

18 DE ABRIL DE 1915

Sí, Mary, los días que pasamos juntos fueron magníficos. Cuando hablamos sobre el pasado siempre hacemos más real el presente. Durante mucho tiempo he tenido miedo de examinar lo vivido, un miedo causado por la falta de objetividad y franqueza conmigo mismo. Sería estupendo tener el coraje de abrir mi corazón y hablar del Dolor. Yo siempre he sufrido en silencio. Y el silencio nos hace sufrir más profundamente.

Es mucho más cómodo guardar silencio, porque cuando intentamos organizar nuestras ideas solemos turbarnos. Sólo consigo evitar esta sensación cuando estoy contigo; las conversaciones nos aproximan y se llevan cuanto de ruin permanecía olvidado en algún polvoriento rincón del inconsciente.

El único silencio que compartimos es aquel que nos permite comprenderlo todo. Los otros silencios son crueles e inhumanos.

Que Dios te bendiga, amada Mary. Que Dios nos mantenga juntos.

El 18 de abril Mary envía una carta a Kahlil en la que describe la belleza de las Sierras, donde está pasando las vacaciones. Le confiesa que nunca creyó sus declaraciones de amor, porque su modo de querer es demasiado complejo. También admite que ella le ha hecho sufrir mucho.

Mary comprende que está luchando por mantener su amor, pide perdón a Kahlil y, a partir de ese instante, acepta abrir su corazón.

23 DE MAYO DE 1915

Siempre he querido referirme a ti como «la vida que crea Vida», pero nunca me lo he permitido. Me parecía que tú no lo querías. Mientras, siento que finalmente hemos llegado a un momento importante para los dos.

Ya hablaremos de ello cuando nos veamos; no como si se tratara de una novedad, sino como de algo antiguo que vivimos de una manera nueva.

Siempre he creído, Mary, que la Revelación es sólo el hallazgo de algo superior que existe en nuestro interior; una parte de nuestro ser en la que no osamos penetrar y que se permite experimentar lo que nos atrevemos a sentir.

Nuestro crecimiento estriba en el hecho de tomar contacto con la parte más generosa de nosotros mismos y aceptarla.

17 DE JULIO DE 1915

Tú, yo y cuantos han nacido hambrientos de vida pretendemos tocar los límites de la existencia no sólo mediante el conocimiento: deseamos vivir esa experiencia. Y el Espíritu de este mundo, aunque siempre cambiante, es el Absoluto.

Los grandes poetas del pasado siempre se entregaban a la vida. No perseguían un objetivo determinado, ni pretendían desvelar secretos; se limitaban a permitir que la Existencia gobernara sus almas. Las personas siempre buscan seguridad y a veces la consiguen; pero cuando la seguridad es un fin en sí mismo, la vida deja de tener propósito alguno.

Tu carta, Mary, es la más bella expresión de vida que he recibido nunca. Es una demostración del sagrado deseo de encontrar el Mundo, de esperar hallarlo en toda su desnudez. Así es el alma de los poetas de la vida.

Poeta no es el que escribe poesía, sino cualquier persona que tenga el corazón repleto de ese espíritu sagrado.

← 2 DE AGOSTO DE 1915 →

Hay que hacer cuanto esté en nuestra mano para liberarse del pasado.

Tenemos que mirar el presente como una madre que, aún con el rostro contraído por los dolores del parto, está exultante de felicidad por el logro.

Hemos pasado cinco largos años de profundo sufrimiento, pero ha sido una etapa muy creativa. En el proceso hemos crecido, aunque nos hayan quedado cicatrices.

Hemos emergido de esa época más fuertes y con más simplicidad de alma. Sí, hoy nuestras almas son más sencillas; éste ha sido nuestro mayor logro. Todos los trágicos procesos de la vida humana —y esta guerra en Europa es uno de ellos— redundan en ayudar al hombre a simplificar su alma.

Creo que Dios es sencillo.

Tú sabes, Mary, que toda relación humana se divide en varias fases. Estos cinco primeros años han constituido la fase de la amistad. Ahora comenzamos una nueva época, menos nebulosa y más simple, que nos permitirá aclarar quiénes somos.

¿Quién puede decir: «Esa época fue buena y aquella otra fue mala»? Todas las fases forman parte de la naturaleza tal como la muerte es parte de la vida. Y a pesar de haber muerto muchas veces en estos cinco años, no conservo señales; tampoco hay ninguna amargura en mi corazón.

9 DE DICIEMBRE DE 1915

Mil veces gracias por los magníficos libros de astronomía, aunque nunca me había interesado por tal materia, sospecho que es el mejor modo de comprender al hombre. Nuestra visión es tan limitada que necesitamos el empujón de esa ciencia para trascender tribu, país y raza. Si las mentes de todos nosotros cobraran conciencia de otros mundos y otras esferas, no prestaríamos tanta atención a los chismes del vecindario.

Trabajo todos los días. Mary, me gustaría que mi corazón estallara y al fin se revelaran todas las cosas que encierra. Mis manos son torpes, tímidas, desconocidas. Nuestros corazones son mejores que nosotros. Existen mil velos entre los sentimientos y las formas que tenemos para expresarlos.

Cuando alguien consigue trabajar de dentro afuera vive en un estado de constante renacimiento, en una diaria reconstrucción de sí mismo; y el día de hoy tuvo lugar hace mil años, como tú bien dices.

Leyendo tus dulces y queridas cartas me siento como una planta que crece hacia la luz y hasta olvido mis propias sombras.

Créeme, Mary: algún día seré el hombre al que dirigiste esas cartas. Quiero ser, con toda la fuerza de mi corazón y de mi alma, el hombre que piensas que soy.

6 DE ENERO DE 1916

He pensado en escribir, plasmar, exponer los únicos pensamientos que realmente han transformado mi vida interior: Dios, el Mundo y el alma humana. Siento que una voz está naciendo en mí, ahora sólo aguardo escucharla. Mi único deseo es hallar la forma exacta, la envoltura idónea para que los mensajes de esa voz lleguen a oídos de mis semejantes. Es hermoso conversar acerca de Dios. No alcanzamos a entender por completo Su naturaleza porque no somos Él; en cambio, mediante sus infinitas manifestaciones visibles, sí podemos preparar la conciencia para crecer.

30 DE ENERO DE 1916

Empiezo a tener una nueva comprensión de Dios, querida Mary; creo que me acompaña día y noche, e interviene en todos mis actos. Es como si mis ojos estuvieran abriéndose lentamente al nacimiento del Creador. Lo veo surgiendo como una bruma sobre los montes, las planicies y los mares. Él se yergue. Aún no se conoce por completo. Transcurren millones de años y Él, movido por Su propio deseo, intenta descubrir más de Sí mismo. Por eso crea al hombre.

Dios no es el mero creador del hombre y de la Tierra, tampoco el juez de lo que acontece bajo el sol. Dios es la manifestación pura de Su propio deseo original, de que el hombre y la Tierra formen parte de Él. Dios es una fuerza en movimiento que crece a través de ese deseo y hace que cuanto existe sobre la faz de la Tierra crezca con Él.

El deseo es la fuente de poder que todo lo cambia.

10 DE FEBRERO DE 1916

Puedes creer, querida mía, que aún tengo en el banco dinero suficiente para vivir todo un año? Mientras, tú continúas dándome y dándome sin medida.

He vivido en absoluto éxtasis. Lo único que mi corazón no sabía era amar la vida. Durante veinte años he vivido sintiendo sólo un hambre inmensa, una inmensa sed por algo que no conseguía identificar.

Pero las cosas han cambiado. Esté donde esté y cualquiera que sea mi trabajo, tengo presente la generosa ley que transforma nuestras acciones en flores y esas flores en Dios.

El hambre que me acompañó durante tantos años era la voluntad de vislumbrar lo que estaba más allá de mí. Lo intenté de diversas maneras y ahora he hallado el único camino seguro: a través de Dios.

El alma busca a Dios como el aire caliente busca las alturas o los ríos corren hacia el mar. Y tiene dos poderes: el deseo de buscar y la capacidad de luchar por lograrlo.

El alma nunca pierde su camino, del mismo modo que el agua no corre montaña arriba. Por eso todas las almas alcanzarán a Dios, no importa cuánto tiempo se demoren.

La sal no pierde sus propiedades ni cuando se ha mezclado con las aguas de todos los océanos. El alma no pierde la horma de Dios: es eterna y algún día será saciada.

El alma jamás dejará de buscar a Dios. Cuando Lo encuentre, descubrirá que también Él la estaba buscando.

1 DE MARZO DE 1916

Amada Mary, me siento como una semilla en pleno invierno: sí que la primavera se aproxima. El brote romperá la piel y la vida que todavía duerme en mí aflorará cuando reciba la llamada.

El silencio es doloroso. Pero es en el silencio donde las cosas toman forma; y en algunos períodos de nuestra existencia no podemos hacer más que esperar. Dentro de cada cual, en lo más profundo del ser, hay una fuerza que ve y escucha aquello que todavía no podemos percibir. Todo lo que somos hoy nace del silencio de ayer.

Somos mucho más capaces de lo que pensamos. A veces, la única manera de aprender y no precipitarse en tomar una decisión consiste en no hacer nada. Porque incluso en momentos de total inacción nuestra parte secreta está en activo y aprende.

Cuando el conocimiento oculto en el alma se manifiesta, nos sorprendemos de nosotros mismos y nuestros pensamientos se transforman en flores que cantan canciones antes nunca soñadas.

La vida siempre nos dará más de lo que creemos merecer.

9 DE ABRIL DE 1916

Amada Mary, cuando el alma está inmersa en pensamientos vertiginosos, perdemos la facultad de la palabra. Pero aunque mi lenta comprensión de Dios me ha ocupado estos meses, nunca he dejado de estar contigo; siempre he tenido la certeza de que nos hablábamos a través del silencio.

Necesitamos una compañía para charlar de madrugada, o durante los largos paseos por el parque. Aunque lejana, tú has sido esa compañera.

Trabajo mucho y procuro recibir la menor cantidad posible de visitas. El abismo que me separa de los demás crece sin cesar. A veces pienso: «Este abismo existe porque hay algo incorrecto en mí. Cuando lo corrija, volveré a sentirme cercano a la gente; seré capaz de amarla con un nuevo tipo de amor.»

10 DE MAYO DE 1916

Querida Mary:

Te envío una parábola recién acabada.

He escrito poco y sólo en árabe. Quisiera tener tus correciones y consejos:

En la penumbra de un templo, mi amigo señaló a un ciego.

—Ése es el hombre más sabio del mundo —me dijo.

Nos acercamos los dos.

—¿Desde cuándo es usted ciego? —le pregunté.

—Desde que nací.

—Yo soy astrónomo —comenté.

—Yo también —respondió el ciego. Luego, llevándose la mano al pecho, añadió—: Desde mi interior observo los muchos soles y las muchas lunas.

16 DE MAYO DE 1916

Querida Mary:

Te agradezco las correcciones. Tengo otras historias, pero no sé plasmarlas, porque el inglés no es un idioma adecuado para escribir parábolas.

Desde que una nueva concepción de Dios ha anidado en mi alma, casi he perdido la capacidad de comunicarme por escrito.

Un hombre a bordo de un avión ve la Tierra desde un ángulo distinto, aunque con los mismos ojos. Tengo que cambiar los míos para poder ver las cosas como realmente son.

19 DE DICIEMBRE DE 1916

Querida Mary:

Te agradezco tus cartas de todo este tiempo, por las palabras escritas y por el espíritu divino que habita en cada una de ellas. Que Dios me haga digno de recibirlas.

Cuando la vida pesa y no se escuchan canciones durante la noche, el único alivio es creer y confiar en el amor. Entonces, aun en las peores circunstancias, todo se vuelve más liviano y algunas melodías surgen de la oscuridad; porque estamos amando y confiando en ese amor.

Gracias por el meteorito que me enviaste. Me gusta tocarlo y pensar que tengo en las manos algo que ha viajado millones y millones de kilómetros.

Este precioso meteorito llena mi imaginación y hace el infinito menos extraño a mi alma.

28 DE JULIO DE 1917

Voy a una cena y me siento junto a una persona; entre todos los comensales existe una profunda solidaridad y a cada uno le apetecería hablar un poco de sí mismo. Por lo tanto entablo conversación con una mujer y la dejo hablar. Al rato ella comenta: «¡Por fin encuentro alguien que me comprende!»

Enseguida me ruega que asista a la próxima cena. Suelo rechazar las dos primeras invitaciones, pero por lo general a la tercera acepto: no me gusta ser grosero. Empiezo a notar que esa mujer quiere incorporarme a su vida: desea verme más, hablar de sí misma, de sus días rutinarios, de sus problemas. Si está casada siempre comenta: «Mi marido es buena persona, pero no me escucha. Después de tantos años, es como vivir con un extraño.» Y sigue hablando.

¡No quiero que estas cosas se repitan siempre en mi vida! Esto me sucede por intentar comprender a las personas. Siento interés por ellas, aunque en el sentido amplio, como parte del universo. Creo que es importante gustarles, pero no puedo permitir que ese tipo de afecto les dé derecho a poseerme.

Contigo las cosas son diferentes, por bellas e intensas y porque yo deseo entregarme. Muchas veces, apenas iniciada una conversación, comprendo lo que quieres decir cuando ni siquiera has terminado la frase.

No creas que se debe al tiempo que llevamos unidos, sino a la capacidad que hemos tenido de crecer juntos.

31 DE OCTUBRE DE 1917

Sí, adorada Mary, comprendemos sin saber que comprendemos, vivimos algo que conscientemente no podemos explicar. La realidad de nuestra relación es la presencia de la Realidad que gira a nuestro alrededor.

Incluso cuando dudamos de algo, nuestro corazón no vacila. Aun cuando le decimos «no» a la vida, lo que el universo oye es un «sí».

En lo que atañe a nuevas experiencias, sólo los hombres oyen el «no». Dios siempre oye «¡Sí!».

15 DE NOVIEMBRE DE 1917

Amada Mary:

Gracias por el azúcar y los libros, los dosificaré con mucho cuidado. Nunca había tenido el placer de leer obras acerca del sexo. Tal vez mi curiosidad fuera insuficiente, o mi timidez excesiva. Sin embargo, ahora deseo saber todo cuanto acontece bajo el sol, las estrellas y la luna. Todas las cosas son bellas; y acrecientan su belleza cuando no tenemos miedo de conocerlas y experimentarlas.

La experiencia es la vida con alas.

6 DE ENERO DE 1918

Me pregunto qué sabía María acerca de Su hijo. Sin duda se daba cuenta de que Él era una fuente de problemas, a pesar de ser un hombre bueno. Tras su muerte, tal vez a causa de Sus amigos y seguidores, seguramente lo comprendió mejor que cuando estaba vivo.

Llegará el día en que seremos capaces de ver a Cristo como la llama donde ardía la vida en toda su intensidad. Sócrates tuvo una excelente relación intelectual con sus discípulos, pero Cristo permitió que sus discípulos lo sintiesen. Observa lo que hizo con ellos: Juan se convirtió en un poeta de primera categoría, Pablo en un trotamundos.

Miguel Ángel aventajó en poco a los pintores que le precedieron, puesto que recorrió un sendero conocido.

Cristo cambió el pensamiento humano y, por Su mediación, los hombres descubrieron un nuevo camino.

6 DE ENERO DE 1918

Los espíritus superiores siempre nacen con una misión; por eso suponen que los demás también la tienen. Transcurren años hasta que descubren su soledad y que no todos los seres humanos dejan que aflore su razón de vivir. En un ochenta por ciento de casos, las personas renuncian a la Vida que desearon en la niñez.

A partir de ahí, aquel que sigue su misión piensa que está solo; hallazgo que lo vuelve amargo y cínico. No tarda en aislarse, su mundo interior se distancia del exterior y termina sus días solitario; no importa dónde viva.

Son pocos los que resisten la presión del mundo y además logran poner un poco de sí mismos en cuanto dicen y hacen.

El 6 de mayo Mary Haskell y Gibran discuten por primera vez la idea de El Profeta, *el libro que luego le dio fama mundial.*

—Durante estos dieciocho meses he trabajado en algo que crecía dentro de mí. Se trata de un libro sobre veintiún temas, de los cuales ya tengo escritos dieciséis —dice Kahlil.

Le cuenta su idea del prólogo, aún por escribir: en una ciudad mediterránea, un hombre —poeta, o visionario, o profeta— vive en el campo. La ciudad lo ama, pero ese amor no es suficiente para que los habitantes del lugar se acerquen a él. Comprenden que su residencia allí es temporal y que algún día partirá. Una mañana se aproxima un barco. Nadie dice nada, pero todos saben que viene en busca del hombre. Entonces, como va a dejarlos para siempre, todos se aproximan y piden que les enseñe lo que ha aprendido durante los años de soledad. Alguien dice: «Explícanos la Amistad»; y así comienza todo.

Kahlil lee algunos fragmentos y lo bautizan provisionalmente como libro de Consejos**. De pronto él comenta:*

—¿No te da la impresión de que todo eso es el resultado de nuestras conversaciones de todos estos años?

* Título provisional dado a *El Profeta* aquella noche y mantenido en algunas de las siguientes cartas.

11 DE MAYO DE 1918

Creo que debes continuar con las clases de pintura en la escuela, Mary, así los alumnos pueden visualizar lo que están pensando. Cuando se proyecta la imagen de algo, ya no se olvida. Somos hijos de las formas y los colores, aprendemos con ellos.

Vivo torturado porque las personas, en vez de emplear imágenes, se limitan a hablar sin parar; no puedo interrumpirlas de continuo. Un torrente de palabras, palabras, palabras siempre borboteando. Sin embargo nadie es plenamente consciente de lo que está diciendo.

Ya hace seis años que tú y yo estamos pensando, hablando y trabajando juntos. Pero en nuestro caso tiene sentido, porque estas ideas, luego de ser palabras, formarán parte de nuestro ser; algo que no puede decirse de la mayoría (somos una excepción a la regla).

Quiero que *Consejos* sea un libro sencillo. No me parece mal que algunos fragmentos resulten duros o amargos, lo importante es que mi personaje diga la verdad.

1 DE SEPTIEMBRE DE 1918

En cierta ocasión vi a un hombre sentado cerca de Jerusalén. Siempre que pasé por allí lo vi en el mismo lugar. Pregunté a mi guía quién era y él, riendo, dijo que se trataba de un loco.

Entonces decidí acercarme y pregunté:

—¿Qué está haciendo?

—Miro los campos —respondió él.

—¿Y qué más?

—¿Acaso no es suficiente para entender la vida? —respondió aquel a quien tildaban de loco.

Vivimos luchando por cosas complejas y olvidamos que contemplar los campos es más que suficiente para comprender a Dios.

17 DE NOVIEMBRE DE 1918

Hay momentos en que la vida, aparentemente sin razón, parece adquirir mil sentidos al mismo tiempo. Nuestro corazón está en todas partes, nos sentamos junto a la orilla del río y bebemos sus aguas más profundas. Percibimos que también el agua tiene sed y nos está bebiendo; entonces somos uno con el universo.

Hace mucho tiempo dije: «Dios está detrás de mil velos de luz.» Ahora diría: «El mundo acaba de traspasar uno de ellos y Dios está más cerca.»

Todo ha cambiado. Las caras en las calles, en los trenes, en los coches, muestran otra belleza. Y no sólo es por el final de esta guerra que involucró a toda Europa, ni por la victoria del bando al que pertenecemos, sino por el predominio del espíritu sobre la materia. Una gota de aceite, caída hace cuatro años al fondo del océano, finalmente asciende y halla la luz.

¿Por qué te escribo esto, Mary? Tú sabías lo que iba a ocurrir. Y tú, más que nadie, fuiste quien alimentó mi fe en la victoria.

Mary Haskell

En 1919 el contacto personal entre Mary Haskell y Kahlil Gibran se estrecha y apenas mantienen correspondencia alguna. En el diario de Mary sólo hay una anotación: comenta un encuentro con Kahlil en el que éste le dice que piensa publicar el libro Consejos, *que ha decidido titular* El Profeta, *al año siguiente.*

18 DE ABRIL DE 1920

El Profeta impregna por completo todo mi ser. En ese libro he plasmado determinados ideales y deseo vivirlos acorde con lo escrito. En realidad he intentado encontrar *El Profeta* desde los catorce años, pero sólo ahora soy consciente de las verdades que fueron apareciendo a lo largo de mi existencia y se han manifestado en ese libro, que está cambiando mi vida interior.

Amo a la gente más que nunca, aunque continúe sintiéndome solo y sabiendo que no soy una buena compañía para los demás, excepto para ti.

A pesar de ello, he aprendido a amar. Cuando no amamos, o cuando no nos sentimos hermosos, procuramos estar siempre ocupados y no damos vía libre a nuestro crecimiento interior porque intentamos controlarlo.

¡Qué tontería! Nunca debemos decir «quiero crecer en ese sentido» o «ahora me encaminaré en esa dirección».

Es preciso entregarnos de forma espontánea al crecimiento, dejar que nos guíe.

18 DE ABRIL DE 1920

La vida es irónica. A menudo, cuando intentamos ser delicados o tolerantes, ofendemos a los demás. Para hablar con la gente es preciso emplear mucho tacto. Si digo a alguien «comprendo que ahora pienses de ese modo, pero entenderás mejor el asunto cuando tengas más experiencia», se enfurecerá, me dará la espalda y se irá. En cambio, si esa persona oye un «estás diciendo tonterías», me prestará atención y pasará el resto del día discutiendo conmigo.

20 DE ABRIL DE 1920

Estoy trabajando en la parte de *El Profeta* donde hablo del crimen y del castigo. No logro permanecer indiferente ante los delincuentes y siempre leo las páginas de sucesos. Cuando veo algo sobre un falsificador, me siento como si estuviese participando en la falsificación. Una noticia sobre un crimen hace que también yo me sienta asesino.

Cada vez que un ser humano hace algo incorrecto, también lo hacemos los demás; todo cuanto ocurre en la Tierra es un reflejo de las emociones de cada uno de sus habitantes.

Estamos en todos y todos están en nosotros. El poeta y el criminal viven en el corazón de cada hombre.

21 DE ABRIL DE 1920

El amor es consciente de sí mismo. Es un impulso creativo, no tiene más propósito que autosatisfacerse. El ser humano es perfecto en sus imperfecciones. Necesito aceptar que, cuando alguien me parece demasiado lento al moverse en determinada dirección, es porque no tiene otro modo de recorrer ese camino.

Lo mismo sucede con el amor.

20 de mayo de 1920

Pasé una noche estupenda en la Sociedad de Ciencias y Artes. W. B. Yeats acudió con su esposa y leyó algunos fragmentos de sus poemas.

Ella es muy extraña. Cuando Yeats recitaba sus versos, parecía retraída e inexpresiva; en cambio, cuando nos sentamos juntos a cenar, se mostró vivaz e interesada, y me pareció extremadamente culta. Parece que Yeats es consciente de la importancia de esa mujer en su vida.

El propósito de la existencia siempre se manifiesta a través del aspecto femenino; es el único modo que el hombre tiene de comprender su misión.

22 DE MAYO DE 1920

Al principio cuando vemos cualquier novedad nos parece una diversión; después nos familiarizamos con ella y la olvidamos. Sin embargo, a medida que la olvidamos penetra en nuestro inconsciente y nos cambia sutilmente.

Nada de cuanto vivimos se pierde. No consigo imaginar que la Tierra tenga un final. Así pues, ¿de qué serviría intentar comprender el principio?

20 DE AGOSTO DE 1920

La única manera de justificar nuestros días es amando y trabajando con lo mejor que hay en nosotros. Es preciso usar el corazón del corazón y ver el mundo a través de unos ojos siempre anegados por las lágrimas, ya sean de alegría o de tristeza.

Sé de poetas que nunca llegan a mostrarse del todo por temor a que los reconozcan; terminan aislados y no les gusta, porque no logran apreciar su propia compañía.

Paradójicamente, la soledad asusta y atrae a los hombres. A mí, por ejemplo, me encanta estar solo. Cuando me encuentro rodeado de gente, lo que no me impide advertir mi propia soledad, soy capaz de amar con mucho más desprendimiento a cuantos me acompañan.

Sin embargo, cuando esas personas exigen que abandone mi soledad interior, sólo porque no quieren sentirse solas, la magia de mi amor desaparece.

27 DE AGOSTO DE 1920

Soy un individuo terco. Si todas las personas de la Tierra se reuniesen para decirme que el alma muere junto con el cuerpo, en nada cambiaría mi convicción: sé que mi alma no morirá.

Ahora estoy trabajando la parte de *El Profeta* donde escribo sobre el matrimonio. Y afirmo: «Que el hombre y la mujer sean capaces de llenarse mutuamente las copas, pero que no beban de la misma.» ¿Qué quiero decir? Que un cónyuge no puede vivir la vida del otro. Eso empieza haciéndose por amor, pero acaba conduciendo al odio.

3 DE SEPTIEMBRE DE 1920

Parte de lo que escribí en el pasado ya no me parece el reflejo de lo que pienso hoy. Sin embargo, todo aquello era real para mí cuando lo plasmé en el papel; y así debo dejarlo.

Mi vida es como una caminata hacia la Ciudad Sagrada.

Mi obra es el desconocido que encuentro la primera jornada.

En ese primer encuentro, el desconocido me parece triste y amargado.

Al siguente día, él está menos alicaído y ambos nos encontramos más cerca de la Ciudad Sagrada.

Al tercer día, ya comienza a sentirse alegre; va mejorando a medida que transcurren el cuarto, el quinto y el sexto día.

Al séptimo día de andadura empieza a hablar de astros y estrellas. Cuando llegamos a la Ciudad Sagrada, dejamos de encontrarnos; porque va directo al templo y se ofrece a Dios.

3 DE SEPTIEMBRE DE 1920

La intensidad de la vida depende de cómo la miramos. Hay pintores que verían hermoso ese plato de uvas sobre la mesa e intentarían pintarlas con toda su frescura, su luz y su forma.

Y nosotros, cuando contemplamos el cuadro que resultó de todo eso, debemos pensar en los viñedos, cómo crecieron y cómo fue la cosecha. Pensar en la tienda donde se venderá el vino y en las bocas que lo saborearán; entender que cada una viene de un lugar diferente, aunque todas estén en el mismo plato. Reparar en que ese plato es chino y recordar todo lo que aprendimos sobre China.

Entonces dirigimos la mirada hacia la mesa donde reposa un plato y nos preguntamos de qué madera estará hecha, cómo era el árbol de donde fue sacada, quién lo cortó y dónde vivían el leñador y su familia.

Ver las cosas de esa manera enriquece la imaginación y nos abre a un mundo mucho más rico.

Todos deberían aprender a hacerlo.

7 DE SEPTIEMBRE DE 1920

Pienso en Cristo.

Dos o tres siglos después de su muerte, nadie era lo bastante fuerte para tomar el alimento que nos dejó; por lo tanto en los Evangelios sólo se buscaban las partes más ligeras o las que podían aleccionar más fácilmente a los hombres. Nadie, en aquella época, podía encarar directamente la gigantesca tarea que Cristo nos entregó.

La mayor enseñanza de Cristo es que el Reino de los Cielos está en nuestro interior. ¿Puede considerarse pobre un hombre que tiene ese Reino en su corazón?

Si tú y yo no fuésemos nada, seríamos dos nulidades juntas. ¿Y qué tendríamos? El vacío en el alma.

Si la humanidad entera comienza a pensar que no representa gran cosa, el mundo nunca avanzará.

Mas el Reino de los Cielos está en nosotros. De modo que es preciso calmarse y sosegar el centro de nuestra existencia para descubrir que el amor existe.

10 DE SEPTIEMBRE DE 1920

Para vivir es preciso tener coraje. Tanto la simiente intacta como la que está rompiendo su cáscara tienen las mismas propiedades. No obstante, sólo la que está rompiendo su cáscara es capaz de lanzarse a la aventura de la vida.

Esa aventura requiere una osadía insólita: descubrir que no se puede vivir a través de experiencias ajenas y estar dispuesto a entregarse. Es imposible unir lo que han visto los ojos de éste y lo que han escuchado los oídos de aquél para predecir qué ocurrirá; cada existencia es distinta de las otras.

Ignoro lo que me espera, pero deseo estar con el corazón abierto para recibirlo. Que no me dé miedo poner mi brazo sobre el hombro de alguien, hasta que me lo corten. Que no tema hacer algo que antes nadie hizo, hasta que me hieran. Déjame ser tonto hoy, porque la tontería es todo lo que en este instante tengo para dar; puede reprochárseme, pero eso no tiene importancia. Mañana, quién sabe, tal vez seré menos tonto.

Cuando dos personas se encuentran, deben ser como lirios de agua que se abren por completo: cada una mostrando su dorado corazón y reflejando el lago, las nubes y los cielos. No consigo entender por qué el encuentro siempre genera lo contrario: corazones cerrados y miedo al sufrimiento.

Cada vez que estoy contigo, conversamos durante cuatro, seis horas seguidas. Si pretendemos pasar juntos tanto tiempo, es importante no esconder nada y mantener los pétalos abiertos.

14 DE SEPTIEMBRE DE 1920

La energía divina creó cuanto existe y puso un grito de vida en cada cosa. No puedes pasar por alto ese grito si quieres encontrar a Dios; tienes que favorecer la búsqueda participando en la vida.

La solidaridad es una característica del ser humano, pero el grito está ahí, en todas las esquinas, para quien quiera escucharlo. Cada vez que alguien se me acerca y pregunta «¿Usted cree en Dios?», entiendo que esa persona necesita desesperadamente un motivo para creer.

Mas la existencia de Dios no puede demostrarse y nunca intenté convencer a nadie. Hay muchos conceptos de Dios, ninguno sirve para nada.

Nadie puede recibir ayuda para comprender lo invisible, es preciso que cada cual emprenda su propia aventura.

20 DE SEPTIEMBRE DE 1920

Querida Mary, siento mucho que tu viaje a Egipto se haya demorado. Pero Egipto lleva allí seis mil años y allí continuará. Entonces, ¿por qué impacientarte? Lo que la polvareda del tiempo dejó en aquel país es prácticamente inmutable.

El 10 de octubre de 1920 Mary Haskell escribe una larga carta a Kahlil Gibran en la cual expresa una profunda tristeza. Dice que los padres de los alumnos de su escuela le han pedido que retire los dibujos de Kahlil de las paredes.

Alegan que los temas son eróticos, aunque las pinturas se refieren a temas de la mitología y pasajes de la Biblia.

«Lo que me sugieren esos desnudos es que las niñas deberían sentirse profundamente honradas por poder contemplarlos», dice en su carta, añadiendo que, en su opinión, tal contemplación las haría entender que nada existe de perverso en la desnudez y que el cuerpo fue hecho para que nos sintamos cómodos en él.

Mary no considera incorrecto despertar el deseo, pues nadie debe avergonzarse de sentirse atraído por lo que es bello. Según ella, la mayor amenaza reside en el temor de los padres, que puede terminar contaminando la inocencia de las criaturas. Por este motivo decide dejar las pinturas donde están.

11 DE OCTUBRE DE 1920

Adorada Mary, creo que lo más inteligente que puedes hacer por ahora es retirar esas pinturas de ahí. Saber que mi trabajo te está causando problemas me resulta doloroso.

No podemos enseñar a nadie la pureza del cuerpo desnudo, eso es algo que las personas deben descubrir por sí mismas. No debemos influir en los demás sobre el verdadero significado de la vida; deben aprender por su cuenta que algunas partes del árbol apuntan al cielo y otras se hunden en la tierra.

3 DE ENERO DE 1921

Mary, quiero saber si tienes idea de hasta qué punto has conseguido ampliar mi comprensión del mundo. Siempre estás provocándome y me obligas a decubrir cosas nuevas.

El amor, como un río, debe estar en constante movimiento; y eso haces conmigo. Pero ¿qué ocurre con la mayoría de los casados? Consideran que las aguas del río seguirán fluyendo para siempre y no dejan de preocuparse. Hasta que llega el invierno y las aguas se congelan; sólo entonces comprenden que nada en esta vida está garantizado.

8 DE FEBRERO DE 1921

Jesús tenía dos ideas centrales: el Reino de los Cielos y la justicia en la tierra. Los sacerdotes lo mataron por la segunda idea.

Jesús percibió el Reino de los Cielos en el corazón de los hombres, un mundo de belleza, verdad e intensidad, y estuvo dispuesto a morir por ello, pues consideró que sólo su martirio nos haría entender la importancia de ese Reino.

Jesús podía haberse salvado simplemente demostrando a los sacerdotes que su propósito no era pedir ningún poder terrenal. Pero, de haber rehusado a morir, su sacrificio no hubiera sido total; Jesús sabía que las palabras y las enseñanzas no bastaban.

Entonces resolvió entregarse a la crucifixión, convencido de que su muerte grabaría por siempre sus enseñanzas en los discípulos. Si demostraba su coraje al no huir de los enemigos, conseguiría mantener a sus seguidores unidos y fieles a lo que les enseñara.

Creo firmemente en lo que estoy diciendo, pero también creo que Jesús debió de mantener una larga lucha consigo mismo antes de tomar la decisión de morir. Murió, y gracias a su sacrificio la idea del Reino de los Cielos no se perdió en la oscuridad.

12 DE AGOSTO DE 1921

La existencia no se limita sólo al aspecto material: los viejos pueden estar más vivos que los jóvenes porque han experimentado muchas más cosas.

Lo peor de la vejez es que, por miedo a la muerte que se aproxima, las personas incurren en el temor a vivir. No entienden que el final de una etapa posibilita el siguiente paso; la naturaleza jamás da saltos. De la misma manera que no quiebra las ramas jóvenes, tampoco impide que un árbol viejo y cansado deje de existir. Es lo que llamamos «el orden natural de las cosas».

Muchas veces me imagino después de la muerte, regresando lentamente a los elementos del suelo; es la gran entrega, que transforma las cosas en silencio y calma para que puedan renacer. Del mismo modo la edad prepara mi cuerpo para fertilizar de nuevo la tierra de donde procedo.

El otoño del cuerpo conduce al invierno, una etapa necesaria para que una nueva primavera surja. De igual modo, mi espíritu avanza de una etapa a otra, consciente de que cada estación tiene sus cualidades y sus defectos.

8 DE DICIEMBRE DE 1921

Adorada Mary, me gustaría imaginar una gran ciudad a oscuras. Nueva York sería tan impresionante y bella como las pirámides si pudiéramos contemplarla sólo bajo el brillo de las estrellas y la luna, nada más.

¡Qué distinta es la luz que procede de arriba de la que procede de abajo!

12-14 DE ENERO DE 1922

El matrimonio es la mejor manera de dar, de dar sin límite ni tregua. No obstante, no olvidemos que los seres humanos siempre estarán separados. El período previo al matrimonio es una época maravillosa en la que nos aproximamos a nuestra amada; conversamos, aprendemos qué la hace feliz y descubrimos cómo debemos comportarnos para que esa felicidad no desaparezca.

No permitamos que la convivencia opresiva de mañana, mediodía, tarde y noche destruya ese encanto. Para que el romanticismo inicial sobreviva, es necesario que cada persona reserve parte de su tiempo para sí. Nadie es lo bastante sabio como para tomar decisiones que interfieran en la vida del otro.

Basta con observar una sola ley: la honestidad; y todo será exactamente como lo soñamos.

14 DE ENERO DE 1922

Intenta encontrar las mejores virtudes de una persona y díselas. Todos precisamos ese tipo de estímulo. Cada vez que elogian mi trabajo, me vuelvo más humilde, porque no me siento olvidado ni despreciado.

Todo el mundo posee algún rasgo que merece elogio. Las alabanzas significan comprensión. Somos excelentes seres humanos en lo más íntimo y nadie es mejor que los otros. Aprende a valorar la grandeza del prójimo y serás capaz de ver tu propia grandeza.

14 DE ABRIL DE 1922

Cuando dos amantes se encuentran, en realidad son cuatro voces las que conversan.

Los dos seres visibles mantienen una relación muy diferente a la de los dos seres invisibles. Aunque discutan encendidamente en el plano físico, tal vez las almas siguen en paz y desean aproximarse más la una a la otra.

25-28 DE ABRIL DE 1922

La ceguera de Mini es, para él, la cosa más normal y natural del mundo. No sólo recibe más afecto que las personas llamadas «normales», también es capaz de expresar sus sentimientos con mayor libertad. Lo que a ti te parece una maldición, para él es un milagro.

Él siempre interpretará el mundo según su Reino personal. No creas que un inválido es alguien sin ningún valor.

Las personas que están en un plano que no es el nuestro pueden ser los mejores artífices en la construcción de este planeta, porque sus ojos ven cosas que nosotros somos incapaces de descubrir. Sus mentes interpretan el Universo de un modo distinto y lo reconstruyen a su manera.

Nosotros no generamos la Luz, sólo somos los rayos de ese Gran Brillo.

9 DE MAYO DE 1922

El doctor Smith afirma que no padezco nada grave, a pesar de las constantes palpitaciones. Sólo debo cuidar más el corazón, que llevo manteniendo en continua tensión durante casi veinte años. Dice: «Trabaje, haga lo que le apetezca, escriba lo que le pase por la cabeza; pero no intente terminarlo todo al mismo tiempo. Dedique sólo cuatro horas al día a todas esas actividades.»

Sin embargo mi dolor no es físico. Hay algo en mí, como ya dije antes, que no consigue salir de ningún modo. Todo lo que hago me parece falso, comparado con lo que podría estar haciendo. Es como si llevase años esperando un hijo y ahora esa criatura no consiguiera nacer; siempre estoy en un continuo trabajo de parto, pero aun así nada nace.

Si ese algo que preciso manifestar al mundo no aparece antes de mi muerte, volveré a renacer; renaceré tantas veces como sean necesarias, hasta que logre expresarla.

Sé que siempre me dices cosas maravillosas, Mary. Pero cada vez que las escucho, me siento herido, porque hablas de lo que hice y sólo yo conozco aquello que soy capaz de hacer.

19 DE MAYO 1922

Los poetas tienen que escuchar el ritmo del mar. Ese ritmo está presente en todos los escritos del Viejo Testamento; cuando lo oyes, algo más surge tras los sonidos. Por lo tanto vuelves a escuchar y de nuevo nace otra interpretación, un poco diferente de la anterior.

Así son las olas. Ves que una de ellas se acerca con toda su fuerza y rompe en la orilla, coronada de una espuma densa. Entonces un pequeño remolino retrocede al océano, con un ruido menor, una especie de murmullo secundario; viene una segunda ola que se encuentra con ese remolino. En ese momento se produce una pausa. Luego una nueva ola llegará y el flujo y reflujo continuará para siempre.

Ésa es la música que debemos aprender: las cosas siempre van y vienen.

30 DE MAYO DE 1922

Estoy pensando incluir en *El Profeta* un texto sobre el acto de recibir. Todo el mundo tiene la voluntad de dar algo; pero generalmente nadie acepta.

Si yo tengo una casa e invito a varias personas a que me visiten; vendrán, comerán lo que les ofrezca y aceptarán mis opiniones, pero jamás conseguirán recibir el Amor por el que surgió la invitación.

El amor es lo que más deseamos tener y más deseamos dar. Sin embargo, nadie se da cuenta de que a todas horas está siendo ofrecido y rechazado.

6, 16-17 DE JUNIO DE 1922

Eres muy generosa, Mary *(en las cartas más recientes ella muestra una constante preocupación por el precario estado de salud de Kahlil)*. Pero existen dos cosas que nunca deben olvidadarse: paciencia (esto es, dejar que las cosas sigan su rumbo) y fidelidad a lo que se desea.

Las personas se gustan porque se parecen o porque son completamente diferentes. Para los pueblos primitivos la muerte no significaba nada, solían reverenciar a los antepasados y les llevaban comida al lugar donde estaban enterrados. Lo veían todo de una manera simple y directa, pues sabían que cada cosa de este mundo se transforma en algo diferente, pero nunca deja de existir. Un cuerpo se pudre y después se transforma en árbol. En los pueblos primitivos ni los hombres más preclaros creen en la muerte.

Dios me ha dado mucho en esta vida, por tu mediación. ¡Qué bueno debe de ser para ti saber que estás obrando como si fueses las manos de Dios! Conozco esa mano, soy capaz de tocarla y de recibir todo lo que me está ofreciendo. Me gusta ser un pequeño guijarro en la orilla de un gran río.

Que Dios te bendiga, mi amada Mary. Y que Sus ángeles estén contigo, sea en la tierra o en el mar.

← 11 DE SEPTIEMBRE DE 1922 →

Cada amor es siempre el más grande del mundo y el más importante. El amor no es como una tarta que podemos dividir en pedazos mayores o menores: es uno solo. Y todo es amor.

Claro que podrías decirle a una persona: «Él es lo que yo más quiero en este mundo.» Pero todos los que aman se sienten con derecho a decirlo, con toda la razón.

Por eso puedo afirmar sin ningún miedo que nuestra relación es lo más bello que me ha ocurrido en la vida.

30 DE SEPTIEMBRE A 30 DE OCTUBRE DE 1922

La diferencia entre un profeta y un poeta es que el primero vive aquello que enseña. El poeta no lo hace: puede escribir versos sobre el amor y, aun así, no ser amado. Cuando una persona acepta no ser amada termina transformándose en alguien imposible de amar.

El arte es la tentativa de expresar lo que la humanidad ama. En todas las épocas el ser humano ama la belleza. No todo lo que es bello es bueno, mas toda bondad es bella.

7 DE OCTUBRE DE 1922

Me siento un poco como si fuera tu madre y tu padre, y creo que ese sentimiento es recíproco. Nos transformamos en una sola persona, Mary. Entraste en mi alma, y si quisiera extirparte me estaría destruyendo a mí mismo.

Esta relación ya no nos pertenece. No consigo imaginar la posibilidad de crear algo sin que tú estés presente. El amor precisa ser bastante fuerte para poder experimentar esto, pero considero que el período en que sufrí por tu causa me enseñó a asimilar mejor esta idea.

Incluso pienso que, sin ese período de sufrimiento, nada sería tan intenso y bello como es ahora.

26 Y 28 DE DICIEMBRE DE 1922

En toda mi vida sólo he conocido una mujer con quien me sintiera intelectual y espiritualmente libre y pudiese ser yo mismo: tú.

El momento más divino de un ser humano sucede cuando éste es capaz de deslumbrarse con la vida, con la totalidad de la existencia en su forma íntegra y pura. En momentos de gran pasión amorosa, muchos hombres alcanzan esta visión.

En ti encuentro todo lo que buscaba: un espíritu que hace levantar el vuelo a mi alma, que arrojó una luz nueva sobre cosas antiguas, que ofreció su hombro para que mi cabeza descansase. Estás más próxima ahora que antes, y siento que Dios se me manifiesta en todo lo que nos une.

26-27 DE MAYO DE 1923

El matrimonio no faculta a nadie para esclavizar al otro, excepto en aquellas parcelas donde uno permite ser dominado. Tampoco da otra libertad más allá de la que uno decide admitir, porque sólo podemos recibir aquello que damos.

Para las personas inteligentes, la base del matrimonio es una genuina amistad en la que cada uno lucha por sus propios sueños y por los de la persona a quien ama. Sin esos sueños, la relación matrimonial se transforma en una serie de almuerzos y cenas en la cocina.

No existen dos almas idénticas. En la amistad y en el amor los dos implicados levantan las manos juntos, para asir una cosa que no podrían alcanzar si estuviesen separados.

La vieja fórmula de la ceremonia del matrimonio «recibes a fulano de tal, en la salud y en la enfermedad», etcétera— me parece absurda. ¿Cómo alguien puede «recibir» a otro? Uno de los dos dejaría de existir, o incluso peor: ambos perderían su propia identidad.

23 DE JUNIO DE 1923

El dolor puede ser creativo.

Seamos absolutamente directos y analicemos nuestro caso: sufrí mucho por tu causa y a ti te pasó lo mismo. Pero precisamente gracias a eso descubrimos aspectos de nosotros mismos que hasta entonces habían permanecido completamente ignorados.

Algunas personas alcanzan lo que hay de mejor en la vida utilizando la alegría. Otras utilizan el sufrimiento, pero la mayor parte de los seres humanos no se permiten una cosa ni otra, de forma que no alcanzan nada: se limitan a pasar por esta vida.

El 2 de octubre de 1923 Mary Haskell recibe el primer ejemplar de El Profeta. *Durante su larga correspondencia ya había comentado varios trabajos de Kahlil Gibran; su análisis siempre fue caprichoso, pero mesurado. Esta vez, sin embargo, se expresa de manera profética: le bendice por tener la energía y la paciencia del fuego, del aire, del agua y de la roca.*

Mary afirma tener la seguridad de que ese libro pasará de generación en generación. Cuando una persona tenga el alma a oscuras, lo abrirá para encontrar en su interior el Cielo y la Tierra. Dice que un árbol puede morir fulminado por el rayo, o caer en el bosque. Pero en el caso de El Profeta, *ese rayo trae la vida que se multiplicará al calor de quienes amarán a Kahlil —incluso después de que su cuerpo se haya transformado en polvo— porque escribió ese libro.*

23 DE NOVIEMBRE DE 1923

Yo no podría haber escrito *El Profeta* sin ti. La vida me ha concedido tres bienes inmejorables: mi madre, que me dejó partir; tú, que tuviste fe en mí y en mi trabajo; y mi padre, que despertó al guerrero que habitaba en mi alma.

A partir de 1923 Mary Haskell vive en Savannah, Georgia, en casa de Florence Mini. Kahlil continúa entre Nueva York y Boston, trabajando en varios proyectos, entre los que figuran la continuación de El Profeta *y dibujos para exposiciones. Se queja de que, a causa del éxito que ha obtenido el libro, apenas le queda tiempo para dedicarse a la pintura.*

La relación de Mary con Florence Mini va quedando clara en las cartas que escribe a Kahlil. Después de resistirse durante algún tiempo, finalmente Mary decide casarse con Mini. A partir de esta fecha apenas viaja a Nueva York y la correspondencia entre los dos se hace escasa.

Gibran conoce a Barbara Young y los dos inician una relación estable. Años más tarde Young escribirá El hombre del Líbano, *una interesante biografía del escritor.*

La salud de Gibran, que ya no era buena, comienza a quebrarse.

22 DE ABRIL DE 1924

Mi amada Mary:

Espero sinceramente que te vayan bien las cosas. En cuanto a mí, todo va siguiendo su curso. Trabajo un poco cada día: hago algún dibujo o escribo en árabe. No obstante me paso casi todo el día recorriendo de un extremo al otro este estudio, soñando y pensando en lugares lejanos, ideas todavía enredadas en una nebulosa que no consigo entender.

A veces siento que ya no tengo forma. Parece que soy una nube a punto de transformarse en lluvia o nieve. Ya ves, Mary, comienzo a vivir muy por encima del suelo. En el pasado yo era apenas una raíz y ahora que estoy libre no sé qué hacer con tanto aire, luz y espacio. Conozco historias de personas tanto tiempo encarceladas que, cuando salieron de su encierro, lo primero que hicieron fue cometer un crimen; habían perdido la costumbre de vivir en libertad.

Espero no tener que volver a la cárcel, Mary, porque Dios es una bendición. Que Él colme tu generoso corazón con Su luz sagrada.

Aunque estés lejos de mí, antes de dormir siempre cojo el meteorito que me diste y toco su superficie; eso me da conciencia de inmensas distancias y millones de años.

← 12 DE ABRIL DE 1931 →

WESTER UNION

TELEGRAMA

A MARY HASKELL
1931 12 DE ABRIL 11.28

KAHLIL FALLECIÓ VIERNES NOCHE. LO LLEVAREMOS A BOSTON EL LUNES. ESCRIBA AL 281 DE FOREST HILL.

MARY GIBRAN

Mi adorada Mary:

Bendita seas para siempre por todo lo bueno que me has dado. Siempre que charlas conmigo siento un delicioso dolor en el corazón. Es como si me señalaras la cumbre de una montaña y me preguntaras: «¿Cuándo llegarás allí, Kahlil?» Cada vez escucho tras tus palabras otra voz que me dice: «Quisiera que Kahlil llegase allí mañana.»

Es bueno saber que la montaña tiene una cumbre. Es todavía mejor tener la seguridad de que nuestra bien amada nos quiere ver mañana allí.

Mi vida es sólo un conjunto de notas musicales que tu corazón transforma en melodía. Ojalá siempre seamos capaces de vivir todo lo que hay de sagrado en cada instante.

Con todo el amor de

Kahlil